MW01114093

This Notebook
Belongs To:

_____

Academic Year 2021-2022

Jewish Year 5782

☺ **Shabbat**-Weekly Sabbath from Friday sunset to Saturday night

☺ **Rosh Hashanah-** Sep 6-8, 2021

☺ **Yom Kippur-** Sep 15-16, 2021

☺ **Sukkot-** Sep 20-27, 2021

☺ **Shemini Atzeret / Simchat Torah-**

Sep 27 - 29, 2021

☺ **Hanukkah-** Nov. 28 - Dec. 6, 2021

☺ **Purim-** March16-17, 2022

☺ **Passover-** April 15-23 , 2022

☺ **Shavuot-** June 4-6 , 2022

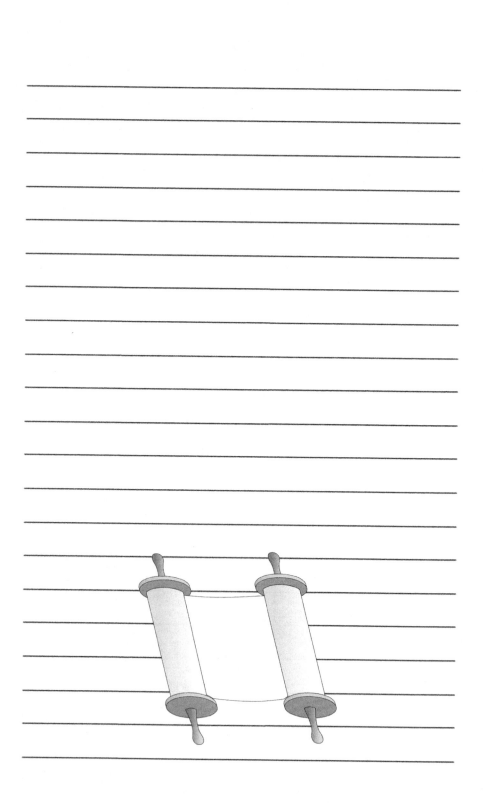

Time for a Break

Stress Relief Coloring

_____

_____

_____

_____

_____

_____

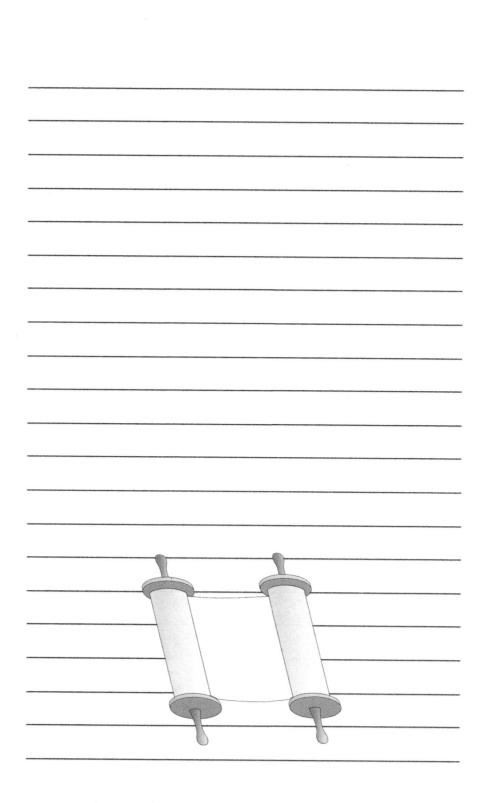

Time for a Break

Stress Relief Coloring

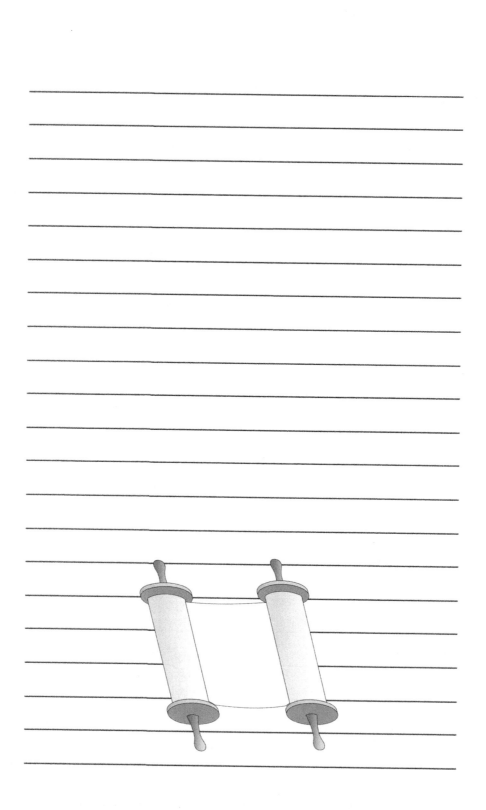

_____

_____

_____

_____

_____

today is
your
day

Time For a Break

Stress Relief Coloring

Time for a Break

Stress Relief Coloring

_____

_____

_____

_____

_____

An
Early-morning
walk is a
blessing
for the
whole day

_____

_____

_____

_____

_____

Time for a Break

Stress Relief Coloring

Time for a Break

Stress Relief Coloring

_____

_____

_____

_____

_____

don't be
afraid
to be
Great

Made in the USA
Middletown, DE
30 August 2023

37665166R00070